بەحیربییە جیهان، کۆرپەڵە!

Welcome to the World Baby

Na'ima bint Robert

Illustrated by Derek Brazell

Kurdish translation by Anwar Soltani

mantra lingua

بزەیەکی گەورەی لەسەر لێوان بەیانی ڕۆژی دووشەممە تاریق هاتە قوتابخانە.
"منداڵینە، دەزانن چیە؟" بەدەنگێکی بەرز هاواری کرد: "کاتێ ڕۆژی شەممە لە خەو هەستام، برا بچکۆلە تازە لەدایك بووەکەم لەناو جێگەوبانی دایکم دا بینی".

On Monday morning, Tariq came to school with a huge smile on his face. "Guess what, everyone?" he cried. "I woke up on Saturday and my new baby brother was in my mum's bed!"

منداڵەکان بە بیستنی ئەو هەواڵە زۆر کەیف خۆش بوون. ئەوان پێشتر
دایکی تاریقیان دیتبوو، ڕۆژ لەگەڵ رۆژێ زگی گەورەتر و گەورەتر
و گەورەتر دەبوو. هەر بۆیەش لەمێژ بوو چاوەڕوانی ئەو ڕۆژە خۆشەیان دەکرد.

The children were excited. They had seen Tariq's mum getting bigger and bigger and bigger. They had been waiting for the big day.

خاتوو "سمیث" ی مامۆستای منداڵەکان لێی پرسی: "ئەوە چییە لە
جانتاکەتدا، تاریق؟"
تاریق وەڵامی دایەوە: "دایکم ئەم خورمایەی پێداوم بۆ ئەوەی
هەموومان پێکەوە بیخۆین. ئێمە تۆزقاڵێك خورمای نەرم دەدەینە منداڵی
تازەلەدایك بوو، ئەوە یەکەم شتە منداڵ تامی دەکات".

"What's in the bag, Tariq?" asked his teacher, Miss Smith.
"My mum gave me these dates to share with everyone. We give a new baby a soft piece of date, the first thing they will ever taste."

منداڵەکان سەرو خورمایەکیان خوارد.

خورماکە شیرین و نەرم بوو.

The children all had a date.
Hmmm, it tasted sweet and smooth.

مندالّەکان لە قوتابخانە وانەی پێنج هەستی مرۆڤیان دەخوێند و سەبارەت بە هەستەکانی تام کردن، دەست لێ خستن، بینین، بیستن و بۆن کردن هەندێ شتیان دەزانی.

The children had been learning about the five senses in school and they all knew about tasting, touching, seeing, hearing and smelling.

خاتوو سمیث له منداڵەکانی پرسی: "پێم بڵێن کامەتان لەم دواییانەدا بوونەتە
خاوەنی برا، یان خوشکێکی ساوا؟"
چەند دەستێکی کەم بەرز بوونەوە.

"How many of you have had a new baby brother or sister recently?"
asked Miss Smith.
Quite a few hands shot up.

خاتوو سمیث گوتی: "ئایا دەتوانن لە دایك و باوكتان بپرسن كاتێك لەناو
خێزانی ئێوەدا منداڵێك تازە لەدایك دەبێ چۆناوچۆن پێشوازی لێدەكرێت؟
بەڵکو بتوانن بۆ ڕۆژی هەینی هەر كامتان شتێك لەم بارەیەوە بێننە قوتابخانه".

"Can you ask your parents how you welcome new babies
in your family? Maybe you can all bring something in on
Friday and tell us about it," said Miss Smith.

"بێن" له مامۆستاکەی پرسی: "ئایا دەتوانین هەموو شتێك لەگەڵ خۆمان بێنین؟"
"بەڵێ، چیتان حەز لێ بوو، هەر ئەوەندەی کە پێوەندی بە پێنج هەستی
مرۆڤەوە هەبێت".

"Can we bring anything?" asked Ben.
"Yes, Ben. Anything you like, as long as it's to do with the five senses!"

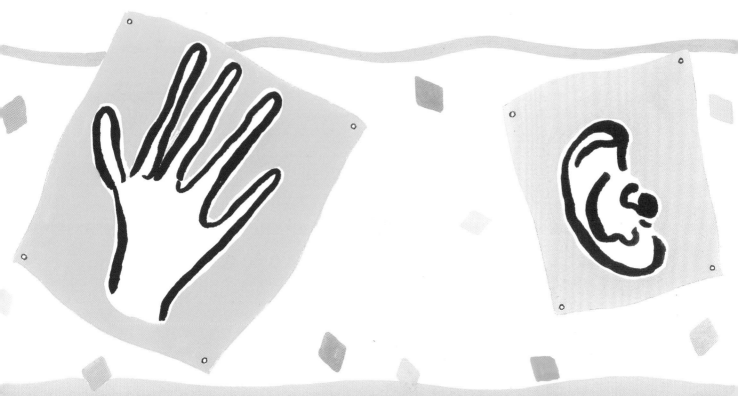

رۆژی هەینی، هەر کام لە منداڵەکان بە شتێکی
زۆر تایبەتەوە هاتنە قوتابخانە.
خاتوو سمیث هەموویانی بەشێوەی بازنەیەك لە دەوری یەکتری دانان
و ئینجا دەستی بە قسە کرد: "منداڵەکان! زۆرێکمان دەزانین کە بوونی منداڵی
تازە لەناو خێزاندا چەندە خۆشە و بۆ هەموان مایەی شادی و خۆشییە.
ئێستاش با بزانین منداڵ بوون لەماڵی هەرکامماندا چۆنە".

On Friday, all the children came to school with something extra special.
Miss Smith sat them down in a circle.
"Now children," she began, "many of us know how wonderful it is to have a new baby in the family. For everyone it's a time of great joy and celebration. Let's find out what it's like to be a new baby in each other's homes."

"ئەن مێی بڵێ بزانم، کاتێک لەماڵی ئێوەدا منداڵێک تازە لەدایک دەبێت چ دەکەن؟" خاتوو سمیث پرسیاری کرد.

"ئەن مێی" زۆر بە ئەسپایی هێلکەیەکی بچووکی بەسوور ڕەنگ کراوی دەرهێنا.

"So, An-Mei, what happens when a new baby is born in your house?" she asked.

Very carefully An-Mei brought out an egg, a little egg, painted red.

"ئەوە یەکێك لەو هێلکانەیە کە دایك و باوکم بەدیاری دەیدەنە خزم
و دۆست و برادەرەکانیان. هێلکەکە بەسوور رەنگ کراوە،
چونکە سوور نیشانەی بەختەوەرییە. هێلکەش هێمای لەدایك بوون،
ژیان و پێگەشتن دەدات. وەرن خۆتان دەستی پێدابێنن".
ئەن مێی ئەوەی گوت و هێلکەکەی دایە دەست "برایەن".

"This is one of the eggs that my mum and dad gave as gifts to our
family and friends. It is painted red, the colour of good luck. The egg
stands for birth, life and growth. Touch it with your hands," she said,
passing it to Brian.

برایەن دەستی بەسەر هێلکە ژیکەلەکەدا هێنا
و گوتی: "گەلێك جوان و لووسه، زۆر لە ڕوومەتی
دایکم دەچێ".
مندالەکانی تر بزەیەکیان هاتێ.
خاتوو سمیث لێی پرسین: "ئێستا نۆرەی کێیه؟"

"It's so smooth, just like my mum's face," said Brian,
stroking the cool little egg.
The other children all smiled.
"Now, who's next?" asked Miss Smith.

سەعیدە بەئەسپایی زەرفێکی سپی بچووکی کردەوە
و چەپکێك پرچی لێ دەرهێنا، چەپکێ پرچی ڕەش
و لوول بوو و بە شریتێکی پانی سپی بەسترابۆوە.

Slowly, Saida opened a small white envelope and took out a lock of hair, a lock of curly dark hair, tied with a white ribbon.

"ئەمە نەختێك لە یەکەم قژی برا ساواکەمە، دایە
و بابە لە ڕۆژی حەوتەمی لەدایك بوونی براکەمدا سەریان تاشی".

"بێن" گوتی: "بۆچی؟"

سەعیدە وەڵامی دایەوە : "بۆ ئەوەی پرچی براکەم لەلای زێڕینگەرێك بە
تەرازوو بکێشن و بەپێی قورساییەکەی زیو بدەنە خەڵکی دەستکورت و هەژار".

"This is some of my baby brother's first hair that was kept after Amma
and Abba shaved my brother's head, when he was only seven days old."
"Why?" asked Ben.
"So that they could take it to the jewellers and weigh it. Then they gave
its weight in silver to help the poor," said Saida.

سەعیدە قژەکەی دایە دەست کارۆلین و پێی گوت: "دەستی پێدا بێنە بزانە".
یەکەم قژی برا ساواکەم...
کاتێک کارۆلین دەستی بەسەر پرچە لوولەکەدا هێنا گوتی: "ئای کە چەند
سووکەڵە و نەرمە".

She passed it to Caroline. "Feel it with your fingers," she said.
"My baby brother's first hair..."
"It's so light and soft," Caroline said, stroking the little curl.

پاشان نۆرەی دیمیتری هات. سەری قوتویەکی
کردەوە... هەندێ پارەی وردەی تێدابوو.
لەناو قوتوە تاریکەکەدا دەدرەوشانەوە.

Next it was Dimitri's turn. He opened a small box.
In it were coins, gold and silver coins,
shining in the dark box.

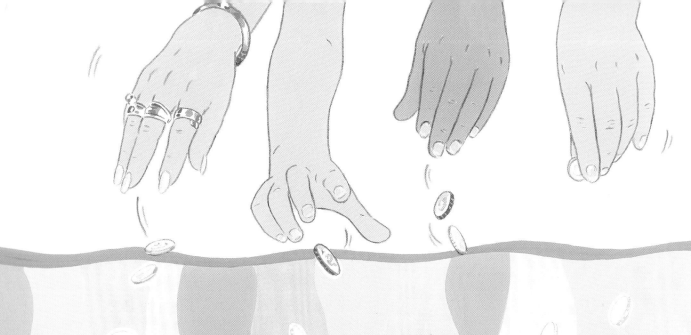

"كاتێك تازه لەدايك بوبووم، كەس و كار و دۆست و برادەرەكانى دايك و باوكم ئەو پارەوردانەيان پێداوم بۆ ئەوەى داهاتووييەكى بەختەوەرم هەبێت"، ئەوەى گوت و قوتوەكەى دايە دەست "راج".

"These coins were given by my family and friends when I was born, to bring good fortune," he said and passed the box to Raj.

"قوتوەکە ڕاوەشێنه و گوێ له دەنگی پارەوردەکان ڕابگره".
"ئای لەو زرینگه زرینگه!" "راج" که قوتوەکەی به گوێیەوه نابوو، گوتی.

"Shake the box and listen to the sound the coins make."
"It jingle-jangles!" cried Raj, putting his ear close to the box .

"نادیا" به شەرمێکەوه دەستی به قسه کرد:

"مامۆستا، منیش شتێکم پێیه".

جانتایەکی هەلگرت و بلووزێکی لێ دەرهێنا. بلووزێکی گەوره

و گەرم، دەتگوت ئەوینێکی زۆری بەخۆیەوه بینیوه.

Nadia spoke up, shyly.
"Miss," she said, "I've got something."
She picked up a bag and pulled out
a jumper, a big warm jumper that looked
as though it had seen a lot of love.

"ئەوە بلووزی باوکمە، کە منیش لەدایک بووم ئەوەیان تێوە پێچام
و سێ ناوی تایبەتیان لێنام".

"This is my dad's jumper," she said. "When I was born, I was wrapped in it, and given three special names."

ئینجا بلوزەکەی دایە دەست سارا و بەسرتەیەکەوە گوتی:
"چاوت بقووچێنە و بۆنی بکە. بۆنێکی بەهێز
و بەمتمانەی لێدێ، ڕاست وەکو هی باوکم دەچێ".

She passed it to Sara.
"Close your eyes and smell it," she
whispered. "It smells strong and safe
like my dad."

سارا چاوی قوچاند و هەناسەیەکی قووڵی هەڵمژی:
"هم م م م م" و گوتی: "بۆ منداڵێکی تازە لەدایك بوو
بۆنێکی زۆر خۆشە".

Sara closed her eyes and breathed in deeply.
"Hmmm," she sighed, "what a lovely smell
for a newborn baby!"

لەکۆتایی دا نۆرەی "ئێلیما" هات.
گەڵایەکی لە جانتاکەی دەرهێنا، گەڵایەکی بچووکی داری عوود
"دوای ئەوەی لە دایك بووم، هەندێك لەوەیان لە دەمم نا،
ها تامی بکە." ئێلیما گەڵاکەی گوشی و چەند دڵۆپێك لە شیلەی
گەڵاکە ڕژایە سەر پەنجەی مۆنا.

Finally it was Elima's turn.
From his bag, he brought out a leaf, a small aloe leaf.
"When I was born, I was given some of this," he said. "Taste it."
He squeezed it and some juice fell onto Mona's fingers.

مۆنا به ئیشتیا تامی شیلهکهی کرد، و لهگهڵ پاک
کردنهوهی دهمیدا هاواری کرد: "ئای که چهند تاڵه!"

Eagerly she tasted it. "Urghh! It's *so* bitter," she cried,
wiping her mouth.

"مەبەست لەمە ئەوەیە منداڵەکە تێبگەیێنن کە ژیان لەوانەیە تاڵیش بێت،
بەڵام..." قوتوە ھەنگوینێکی دەرھێنا و گوتی: "دەتوانیٚ شیرینیش بێت!"

"That is to teach the baby that life can be bitter, but..." he said,
bringing out a little pot of honey, "it can also be sweet!"

مۆنا خێرایەك هەوڵی دا کەوچکێك لە هەنگوینە بەتامەکە لەدەمی بنێت تا لە تامی تاڵی گەڵا عوودەکە ڕزگاریی بێت.

Mona was quick to get rid of the aloe taste with a spoonful of delicious honey.

کویسی نەڕاندی: "مامۆستا! ئێمە هەموو
هەستەکانمان بەکار هێنا، وانییە؟"
خاتوو سمیث بزەیەکی گەورەی هاتێ
و وەڵامی دایەوە: "بەڵێ ڕاستە کویسی".

"Miss!" cried Kwesi, "we've used all of our senses, haven't we?"
"That's right, Kwesi," said Miss Smith, with a huge smile on her face.

ئافەرین بۆ هەمووتان! ئێمە لە کۆتایی ئەم وەرزەی قوتابخانەکەماندا
وەکو ڕاهێنانێکی تایبەت، جەژنی پێنج هەست پیرۆز دەکەین"
منداڵەکان تێکڕا قیژاندیان: "هووڕا!"
ئینجا خاتوو سمیت گوتی: "میوانێکی نەناسراویشمان دەبێت".
هەموو لایەك چاوەڕوان بوون بزانن میوانەکە کێیە.

"Well done, all of you! As a special treat, we'll have a Five Senses party at the end of term."
"Hooray!" they all cheered.
"And," said Miss Smith, "we'll have a surprise visitor."
They all wondered who that could be.

له دوایین ڕۆژی وەرزی خوێندن، ئەو دەمەی كە منداڵەكان خۆشییان لە
جەژنی پێنج هەست دەبینی، لە دەرگا درا.
"دەبێ كێ بێت؟" خاتوو سمیث بە بزەیەكی گەورەی سەر لێویەوە پرسیاری كرد.

On the last day of term, while the children were enjoying their special Five Senses party, there was a knock at the door.
“Who can that be?” asked Miss Smith with a big smile.

دەرگا بە ئەسپایی کرایەوە. دایکی تاریق لەگەڵ کۆرپە ساواکەیدا هاتنە ژوورەوە!
منداڵەکان تێکڕا بە خۆشییەوە دەستیان بە گوتنی ئەم گۆرانییە کرد:
"بەخێر بێیە جیهان، کۆرپەڵە، بەخێربێیە جیهان!"

Slowly the door opened.
It was Tariq's mum with...the new baby!
The children cheered.
'Welcome to the world, baby, welcome to the world!' they all sang.

دایکی تاریق و کۆرپەکەی بەشداریی جەژنی مندالّەکانیان کرد.

ئایا دەزانن ئەوە جوانترین بەخێرهاتنێک بوو تائێستا لە کۆرپەیەکی ساوا کرابێت؟

Tariq's mum and his new baby brother came and joined the party.
And do you know, it was the nicest welcome any baby had ever had!